저
달
은

어떻게
태화강을

건
넜
을
까

저

달은

어떻게
태화강을
　건
　넜
　을
　까

―

老泉 노명서 제3시집

● 서시

서랍 속 긴 잠 깨어나
한 갈피 한 갈피 넘길 때마다
마음의 목소리
희망, 이별, 사랑, 아픔이 녹아
작은 글씨에 저마다 담긴 사연들

수많은 모래알 속
보석 같은 인연 맺혀
그대 마음 넓이여
감성과 상상력이 춤추는 듯
사랑에 빠져 꿈을 꾸고
선풍旋風 일으키는 세상을

삶의 아름다운 향기 불어넣어
바람처럼 자유롭게 날아
시 속의 공존
서로 마음 나누어 자꾸 새어나오는 웃음
함께 걸어가는 소망을

老泉

제1부

꿈을 키우던 고목나무

● 서시

할미꽃 ㅡ 13
울릉도 석향石香 ㅡ 14
죽부인 ㅡ 15
봄의 행진곡 ㅡ 16
봄의 향연 ㅡ 17
영남알프스 ㅡ 18
회상 ㅡ 19
간월산 ㅡ 20
꿈을 키우던 고목나무 ㅡ 22
사과밭 단상 ㅡ 23
고운님 오시는 길 ㅡ 24
소금꽃 ㅡ 25
가을 전어錢魚 ㅡ 26
태화강 십 리 대밭 ㅡ 27
굴러 온 돌이 밀어낸 고향 ㅡ 28
상사화相思花 ㅡ 30
능금 꽃향기 ㅡ 32

제2부

마음속의 강을 건너며

참새와 방앗간 ― 35
겨울나무 ― 36
비천飛天의 언덕에서 ― 37
노거수의 그림자 ― 38
빈 둥지 ― 40
마음속의 강을 건너며 ― 42
월정사 숲길 ― 43
문지갓 ― 44
공통분모 ― 45
생의 고개 ― 46
마지막 눈물 ― 48
아바이 별곡 ― 50
휴전선 철조망 옆에서 ― 52
무궁화 백서 ― 53
버려진 옛집 ― 54
고향산천 ― 55
부처가 된 참나무 ― 56

제3부
모과의 일생

능소화 __ 59

중용中庸 __ 60

맷돌 __ 61

맺음달 __ 62

사계四季 __ 63

모과의 일생 __ 64

낙화 __ 65

안부 __ 66

왕거미 집 __ 67

삭풍 __ 68

허수아비 1 __ 69

허수아비 2 __ 70

솟대들의 합창 __ 71

비밀의 정원 __ 72

아버지를 모시고 온 산 까치 __ 73

서낭재 __ 74

제**4**부

태화강 소고小考

그리움 __ 77
먹감나무 __ 78
어머니의 회상 __ 80
여보 __ 82
내 마음의 강물 __ 84
찻잔에 담긴 차밭 골 __ 85
그림자 __ 86
액자 밖의 풍경 __ 87
다산의 초대장 __ 88
망초꽃 __ 90
비망록 __ 91
수몰지에 고향을 묻고 __ 92
태화강 소고小考 __ 94
시간 속으로 흐르는 강 __ 96
파도 __ 97
애기 소나무 __ 98
인생 질문 __ 99

- **후기** __ 100
- **해설** 따스한 서정주의자가 노래한 사유思惟의 태화강 __ 102

제1부

꿈을 키우던 고목나무

할미꽃

하늘 맞닿은 바위 틈 아스라이 딛고
다소곳 허리 굽혀 반기네
세파의 상흔 내색 한 번 하지 않고
그 마음 감추려고 에워싼 솜털

요염히 내민 진보라 향기
벌, 나비 찾아드는 불장난
간지럼에 수줍어 고개 숙인 할머니
천상여자였네

햇살의 유혹 뿌리치고
정수리 그림자 위
붉은 웃음
속내 감추어진 연모의 숨소리

상현달 머리에 이고
머리카락에 이는 흰 바람
잠시 쉬었다
어느 암자 추녀 끝에
풍경되어 지난날 반추하네

울릉도 석향石香

문전옥답 지천에 두고
천 길 낭떠러지 손톱 하나 의지할 곳 없는
바위 틈에 둥지 틀고
북풍한설 몰아쳐
온몸 찢어지고 멍들어도
등 뒤 감싸는 햇살에
봄 이야기 파릇파릇 속삭이네

오뉴월 뙤약볕에
얼마나 목이 타면
까마득한 낭떠러지
바위 끝 매달려
짜디짠 바닷물 향해 고개 내밀까

허리 한 번 펼 기약 없이
시시때때로 돌변하는 광풍 어찌 다 품어 안았을까
대대손손 살아온 터전
살갗 도려내 움 틔우는 희망 있기에
오직 한 방울 이슬에
묵묵히 견뎌 온 천년세월
한 그루 석향으로 섰다

죽부인

철없던 시절
후회의 불씨 하나 까맣게 태워 온
텅 빈 가슴 장명등 밝혀 들고
뜨거운 햇살에 빗질하는 청대 피리소리
너울대는 그리움

실오라기 하나 걸치지 아니한
그물 같은 망측한 알몸
겨드랑이 파고드네
매미처럼 한 철 살다 가는 죽부인
그 아픔 끌어안고 단잠 든 님
진정 당신은 내 님인가요

갈바람 여치 울림소리
퇴청마루 올라서니
민망한 당신 모습 쑥스러워
홑이불 한 자락 슬며시 덮어주네

봄의 행진곡

언 강 가슴 녹이는 소리
대지大地는 창문 활짝 열어
봉인한 입술
봄의 내통
연둣빛 향기 돋아나네

입춘대길立春大吉 한마디
실성한 꽃들의 반란
향기에 취해 난리 났네 난리 나
벌, 나비 걸음
갈지자 휘청이고

밤안개 이부자리 접는 소리
새벽이 기지개 펴 노래하니
여명에 만물들의 신바람
이리저리 흔드는 막춤에
동토凍土 배꼽잡고 웃음보 터져
열어놓는 돌쩌귀
너와나 활짝 펼쳐보는
봄의 행진곡

봄의 향연

아지랑이 첫걸음 만상을 흔들어
일으켜 세우는 봄

중매쟁이 발걸음 싸리문 열기도 전
벌 나비
꽃술에 파묻혀 뒹굴더니
입덧이다, 봄은

보름달로 가는 상현달
마냥 부풀어 오르더니
산파産婆 부른 황금들녘

영남알프스

우뚝 선 영남알프스의 아침

동해 수평선 기지개 펴면
영남알프스 키다리 형제
손에 손잡은 장엄함
한반도 하루가 시작이다

사계四季마다 찾아오는 산객
낯선 발자국소리
땀방울 뚝뚝 떨어진 자리마다 고운 미소
그 마음 헤아려 맞이하는 구봉九峰

켜켜이 쌓인
태곳적 이야기보따리 풀어
능선마다 골짝마다
울컥울컥 토해내는 억겁億劫의 향기
선한 눈으로 미소 짓는 영남알프스

회상

겨우내 진통을 앓고 양수 터지는 봄 햇살
얕은 미소 찬바람 밟고 일어서는 노란병아리들
아지랑이 둘러맨 손때 묻은 아버지 왕진가방
생명의 존엄성 가득하고
옷자락 펄럭이며 무병장수 기원하네

등짝에 말라붙은 쉰내 나는 땀방울
아픔의 그 향기
칭얼대는 고랑사이 둔덕 북돋으며 다독이는 호밋자루
어머니 이마 훔치는 흰 수건

실낱같은 젖줄 물고 자란 통실한 찐 감자
겉절이김치 할머니의 손맛
멍석에 둘러앉은 까까머리 오남매 정겨운 이야기꽃
모깃불 따라 치솟는 날갯짓
지붕 위 새하얀 박꽃 달님과의 밀회
건져 올리는 아늑한 마음의 뜰

간월산

잔설 머리에 이고 불투명한 언어로
자비 없는 칼바람
두 뺨 후려쳐 울고 있네
달오름 능선 진달래 울타리 넘는 찬바람
천 길 낭떠러지 떨어져
새봄 불러오네

깊은 골짝만큼, 그
사연 간직한 배냇골 사람들
등짐 진 채 쉬다 하늘에 걸린 사다리길
기어올라 넘는 저 아낙네
저렇게 기를 쓰고 넘을까
골병재를

언양 오일장 아롱거리는 난전
칠흑의 밤 더듬이 두 손 뻗어 선짐이재 올라
다 식은 밥 한 덩어리 요기 때우고
일출에 가슴 달구네

자식의 부귀영화 위해 엄마는 그랬었지, 그
갈망 가슴속 깊이 묻어둔 다짐
어머니 마음으로 지금은 간월산 운무雲霧만이
메아리 불러 피우는 향내음

꿈을 키우던 고목나무

아이들 웃음소리 사라진 교정
몽당연필 꿈 키우던 키 큰 고목
슬픈 눈을 뜨고 있네
폐교라는 말 오고갈 때 마다

운동장 가득 메워 왁자지껄
날아오르던 푸른 날개
키 큰 나무 우리들의 꿈
나뭇잎 겨드랑이에 매달고
책갈피 넘기는 소리, 손풍금소리, 발자국소리,
전복 닮은 귀 크게 세우고
다시 돌아올 것을 알기에
그 자리 묵묵히 버티고 서서 기다리네

썩어가는 부엽토 아래
희망의 빛으로 새 촉을 띄우며

사과밭 단상

하늘아래 첫 동네 시집 온지 석삼년
꽃을 피워야 한다는 말씀
한쪽 귀로 듣더니 눈물 훔치는 불임녀
애끓던 시간들

바람은 나무를 깨우고 나무는 꽃을 흔들고
꽃은 세상을 흔들어 달콤하게 스며드는 연정

가슴 한쪽 말릴 틈도 없이
는개처럼 내리는 분무기 울음소리
가지마다 매단 풍년
햇살 먹고 웃자란 도장지처럼 부푼 가슴

하룻밤 행복한 만찬
바지랑대만 세워놓고 흩어버린 멧돼지 가족
다시는 존재하지 않을 것 같은 실망의 똬리

바람 불며 돌아온다던 꽃잎
행복 업고 강 건넜다는 소식
맺힌 마음 이제야 풀어 헤치고
가을볕에 수줍어 빨간 두 볼 웃음도 보았네

고운님 오시는 길

꽃술머리 쓰다듬어 올린 웃음
꾀꼬리 한 쌍 허니문 술래놀이
시샘 많은 바람 한바탕 소동
모질게 꺾어버린 꽃비의 날갯짓
욱신거리는 이별

동백기름 곱게 바르고
꽃향기 젖은 옷고름
그리운 육향(肉香) 가득 품은
당신의 강심에 배 띄워 노 저어가네

속살 탐하던 꿀벌
능청떨며 여기저기 들락거리고
한순간 입맞춤에 방망이질 해대는 가슴
불 꺼진 창 황홀한 그림자

암각화로 핀 망향초
겨우내 입 다문 옹달샘 말문 열고
햇살 흙속 깊숙이 뿌리내려 피워 올리는 봄 향기
그대 가슴에 고운님 오시는 길

소금꽃

남태평양 푸른 물비늘 번득이는 꿈
아무것도 모르고 달려오다
영문 모른 수감
"죄명" 무단침입

뙤약볕에 드러누워
산그늘처럼 쌓여오는 그리움
조이고 조여든 애환의 고독
가지 없이 핀 하얀 꽃
태양의 노고인가
바다의 사리舍利인가

쌍둥이로 자라도
서로 꿈이 다른 세상
천둥만둥 철없는 진영논리
혀가 굳어 시궁창 냄새 입안 가득
괄약근 조이지 못해 쏟아내는 악취
아물지 않는 양반님네들
소금 한 줌 절임으로 아물게 하옵소서

가을 전어錢魚

고향 떠난 햇살
감전되어 물비늘 토해내고
물이랑 가르는 전령사 소식
바다는 어쩔 줄 모르고
매어둔 어선 밧줄 풀려고 안달이네

열아홉 구멍마다 파란 숨결
석쇠 위 드러누운 전령사 감싸고 오르는 향기
바다인 줄 창공을 두리번거리다
잠들만 하면 뒤집어 깨우는 집게
돌아누우니 골목마다 갯내음 물결 출렁인다
노릇노릇 익어가는 푸른 바다

제철이 이고 온 참깨 서 말
집 나간 며느리 돌아와
대문 두드리는 용서
이미 마음은 바다로 나가고
소금 절인 어부들의 환한 웃음
너와 나 가슴에 깨가 쏟아진다

태화강 십 리 대밭

지금 태화강에는
이 땅의 아버지들이 십 리 길 숲에 도열해있네

절퍽한 삶 두 어깨 가득 짊어지고도
겉으로 돛대 높이 세워
푸른 깃발 하늘 높이 펄럭이네

눈보라 폭풍우 몰아쳐도
부러질 듯 휘었다가 마디마디 더욱 강인한 자태
황소처럼 우직함도
태화강 청옥 물결 위 펼쳐놓은 세월
때론 광대로 때론 선비로
그 기골 찬 대숲 바람소리
저물녘 햇살 모아
스~삭 스~삭 몸 부비고
찾아드는 이에게 잠자리 내어주네

질풍노도의 여정 부대끼며 용케도 견뎌온
우리들의 아버지 같은 대나무
둑 따라 자랑스럽고 용맹하게 길게 서서
사자의 포효 늘 푸르게 춤을 춘다

굴러 온 돌이 밀어낸 고향

해거름 굴뚝마다 밥 짓는 냄새
코끝 촉촉이 적시는 청보리 밭길
춘풍의 간지럼에 저마다 살랑대는 초록 물결의 함성
청운의 꿈 키워온 산천
한참 지나쳐 버린 젊음을 기억하고
살가운 미소로 맞이하는 두견화

굴삭기 으르렁대는 격렬한 몸짓
다랑이 두렁 훑기고 파헤쳐질 때
노인네의 긴 탄식
세상이 말세야 아수라장이야

주린 배 안고 피땀으로 쌓아올린 논밭두렁
굵은 주름 행간마다
찌던 땀 냄새 아지랑이처럼 피어오르고
살점 같은 흙더미 허물어질 때
풍랑 헤친 세월 혼절이다

절레절레 고개 흔드는 하늘
먹구름에 얼굴 숨기고
다시는 찾을 수 없는 쓸쓸함
천둥도 발길 떨어지지 않아
헐벗은 들판 쏟아내는 빗방울은
옛사람 탄식의 눈물인가 보다

상사화 相思花

팔월 뙤약볕 지독하게 달구는데
하늘을 우롱하듯 활짝 핀 웃음
긴 그리움 머금고 작은 바람에도
몸살을 앓는 외로운 시인 닮았네

엇갈린 운명
혹 오시려나 쭉정이 정 버리지 못해
임 향한 연정
그대 향한 멍울진 가슴
꽃잎에 이는 바람
임의 뜻 전하려고 가슴속 파고드네

세월의 유혹 순응하지 못해
억새처럼 부둥켜안은 일편단심 一片丹心
온다는 기약 없는 삶
어찌 살려고 외로이 피었는가

후사後嗣 없는 애처로움
허리 가냘픈 눈썹달
내 여인을 기억이나 하듯
눈웃음으로 젖은 마음 쓰다듬네

외로워도 좋아라 그리움 살아있으니

능금 꽃향기

누가 걸어놓았을까?

지난해 상처 난 마음 아물게
가지마다 꽃다발 한 아름 걸어놓고
과수원길 들어선 햇살 마중하네

도포자락 늘어뜨린 호랑나비
향기에 취해 떠날 줄 모르고
분 냄새 유혹에 들락이는 벌 도령

뉘엿뉘엿 해 질 녘
잉태로 배불러오고
가을바람에 여민 옷고름 풀려
발그스레 수줍은 소녀
설레는 가슴 우려내
빨갛게 익어가는 능금

웃음꽃 피어나는 얼음골 향기

제2부

마음속의 강을 건너며

참새와 방앗간

도시의 밤 유혹의 거리
참새들은 일제히 네온사인 늪으로
불나비처럼 달려들고

홍등불, 그도
상사님네들 안주 되어
술잔 속 춤을 추네
가슴 아픈 사연
네온 불에 젖고 밤이슬에 젖어
숱한 사연 비틀거린다

현란한 깡통 연주
뒤섞여 꺾어지고 풀렸다
튀어 오르는 향연

제 몸속 다닥다닥 말라붙은
말 못한 사연
비워지는, 그 희열
내 아닌 네가 되어
그네를 탄다

겨울나무

달빛 쓰러진 냉정한 칼바람
빈 가슴 부여잡는 기침소리
깊이 묻고 있던 발목
발가락 사이 숭숭 들락거리는 바람
또한 절망 속 희망을 잉태하는 인고의 세월

매무새 단정한 짙푸른 젊은 날
그늘 막 찾아드는 손님 추억 만들고
실밥 풀린 옷 벗어버린 가지마다 쉰 목소리
얇아진 그림자 끄는 거칠어진 손
깊이 팬 주름
명경 앞에 비치는 이 누구인가

산 까치 울면 동구 밖 내다보다
괜스레 눈물이 나와 지그시 두 눈 감고
우리는 타인인가 물어보네 호흡 없는 전신주처럼
앙상한 몸짓 혹독스러운 추위 안고
암향暗香 앞세워 다시 찾아오네

비천飛天의 언덕에서

신라의 커다란 눈망울
텅 빈 절터 홀로 견뎌온 마애불상
비원悲願을 끌어안고 넘어진 석불
암석 위 오 센티
올려다본 용안 청순하고 해맑다
영겁의 세월을 견디어 온 시간
모든 중생 제도 후에 일어서겠다는 일념 하나로
좌우 도리질 않고 기도에 기도를 더한 모습
남산의 무게가 버거운 것도
감내의 시간을 넘어 오늘을 맞이한
짜릿한 기적 아름다운 그대 미소
마음의 안식과 정화 중생들 염원의 기도처

돌뿌리 감싸 안은 저 푸른 소나무
밟고 오르던 이기심
긴 갈등 옷고름 풀어 온 몸으로 우는 범종
남산을 감싸안을 때
가사장삼 펄럭이는 골바람마저
두 손을 모으고
서라벌 저녁별 유난히 반짝인다

노거수의 그림자

마을 어귀 천년세월 지켜온 수호신
지혜로운 눈과 시간의 흐름을 담당하며
인자한 모습으로 옛날이야기 풀어헤쳐
아버지로 때론 어머니로 우리들 곁을 늘 지켜주었네
어느 날 수백 년 대여한 몸만 남겨두고 천화遷化*의 길
학이 되어 날아갔네

동구 밖 오가는 이 배웅과 마중
반갑게 웃어주던 그 자태 잊을 수 없네
굽이굽이 돌고 돌아서 달려온 청류
널이 바닥, 배방수. 귀신바위 소沼를 만들어
아이들 멱 감는 모습 넋 놓고 내려다보는
흐뭇한 웃음
사계절 새들과 술래 놀이하던 노거수

마음 따뜻하게 하던 자리 휑하니
찬바람만 가슴 스며드네
가지에 걸터앉아 수다 떨던 새들은
어디에서 잠들고 있을까

마을의 보물로 소중한 그 시절 기억하고 있을까
신명마을 마음속 풍경화 화석처럼 새겨져
실타래 풀고 있는 노거수 옛 그림자

*천화 : 또 다른 세상의 교화로 옮긴다는 뜻.

빈 둥지

안방 가득히 들어 앉아 있는 연화산
품에 안겨 암자庵子같은 집

여름엔
산들바람이 하늘높이 날아
청대 바람개비 돌리고
마을에서 살짝 비켜 서
편안한 차림새 삼복더위 쫓아낸다

가을이면
울타리 넘어 한바탕 웃음에 배꼽 터져버린 석류
지붕 위 보름달 같은 만삭둥이 주렁주렁
함박웃음 짓는 박꽃

겨울에는
햇살이 온몸 부비며 깊숙이 들어와
떡하니 한 자리 차지하고
이빨 빠진 창호지 어둠 물고
연화산 키만큼 사랑이 곤히 잠드는 곳

눈뜨는 순간 연화산 봉우리마다 연꽃처럼 피었다
때론 술래가 되어 언뜻언뜻 손짓하는 안개
정처 없이 떠도는 구름을 쥐락펴락 주술 부리고
사계마다 시시각각 부벽서화付壁書畵로 다가오네

깊은 맛 듬뿍 담으려고 파란 하늘 우러러 보고
주인 잃은 장독 덩그렇게 부도처럼 지키고 있네

마음속의 강을 건너며

까치 울어대던 날
마알간 잇몸 들어낸 첫 울음 세상에 고告했지

새 희망 보듯 새하얀 치아 돋아나
미지의 향기 해맑은 미소
아장아장 넘어질 듯 앙증맞게
다가와 안기던 모습 선한데

이 세상에 가장 고운 웨딩드레스 사뿐사뿐 걸어가네
부모 가슴속 멈추어버린 강 있어
불철주야 근심의 배 한 척 띄워놓고 살아가네
정안수에 비친 달빛
두 손 모은 기도 마르지 않은 애오라지 마음의 강

오늘 첫 출항 굳세게 노도를 헤치며
한 여인의 길 십자가 짊어진 고난의 항해
애지중지 키워온 배 한 척
먼 망망대해 엄마의 길 떠나보내고 뱃고동소리 들으며
기쁨 속, 그 길 알기에 이제부터 쌓인 한숨도 쉬고
또 다른 생의 화려한 예상을 위하여.
그 귓불 어루만지고 있네

월정사 숲길

천년세월 지켜온 월정사 숲길
햇살 한 줌 들어설 수 없어 한낮인데 등잔 밑 같아
다람쥐 마중 나와 길 안내하네

빼곡히 뻗은 전나무 사이 헤집고 스며드는 바람
수천 년 녹색향기 이야기들이 맨발로 달려와
귓불 어루만지네
전나무 우듬지 꽃구름 한 조각
파란하늘 화룡점정
조잘대며 선재길 돌고 돌아 미래를 꿈꾸며
한양길 나서는 청류淸流의 신바람

찻잔 위 연인처럼 마주앉은 솔새스님
지난밤 보살 이야기 전하려다
생강차 한 모금
향기 콧등에 번져
할 말 잊어버리고 숨만 고르고 있네

늦은 밤 풍경소리
간화선看話禪 수행길 나서고
속내 모를 여의도 정파政派 싸움
양반님네들 오대산 맑은 물에 세심하고 가려므나

문지갓*

간간히 서 있는 노송의 가슴팍
망국의 젊은 피 쓰러진 상처
그때 그 자리 아직 선명한데

장맛비 만행에 너부러져있는 문지갓
온몸 할퀴고 찢겨져
붉은 눈물 쏟아내네

그리움이 그리움 업고
친구 잃은 민둥산
지천으로 핀 도라지꽃 북망산천에 피었나

뻘건 상처 새살 돋아나도
텅 빈 마음속 정물화
그 시절 가슴 적시여 낯선 그림자로 서 있네

* 문지갓 : 글쓴이의 고향집 뒷동산 지명.

공통분모

사랑은
그리움을 낳고
그리움은
사랑을 낳고

사랑은
그리움의 껍데기
그리움은
사랑의 껍데기

만남은
설렘
서로 알아가는 것
이별은
자기 자신을 뒤돌아보며
성숙해가는 것

사랑의 이름으로

생의 고개

연어떼 다시 찾은 모천 더듬거리는 기억
몸부림치며 거슬러 오르는 도안圖案의 길

담벼락 타고 오르는 정열
서로 부둥켜안은 넝쿨의 믿음
기어이 타고 오르는 의지
제 마음 한 올 뽑아 하늘고개 넘으려는 도약

괴나리봇짐 위 앉은 묵향
주막집 실룩이는 오리 궁둥이 유혹
문경 새재 넘었을까

초당지붕 넘는 달님은 고백했을까
누이 닮은 청순한 박꽃 활짝 웃음
지난 밤 오빠라 불렀겠지

울퉁불퉁 꼬불꼬불 고해의 인생길
묵언으로 사랑 받는 꽃처럼
뚜벅뚜벅 우보로 걸어가자

동장군 설치는 진영 뚫고 아지랑이 지름길 달려오고
연둣빛 물결 햇살 머금고 출렁이는 들녘
또 다른 내일이 있어 행복하네 꿈이 있으니

마지막 눈물

세상 저무는 일이 저렇게 원통할까
아쉬움에 서천을 붉게 물들이다가
흔적 감추려고 어둠 불러들이네

눈가에 맺힌 이슬
아침 윤슬보다
영롱한 것은 무슨 이유일까
속살 주름으로 흐르던
한 생의 꽃을 피운 단비였을까!

마지막 눈물방울의 그 깊은 뜻
심해深海보다 깊어
어머니 마음 헤아릴 수 없네
시시때때로 돌변하는 세상
어찌 작은 가슴으로 품어 안았을까
노을빛 사연들이 저 바다에 잠기듯

한 인생의 삶
눈물 한 방울이 다 담고 있네
이 세상에 제일 아름다운 눈물 꽃
다시는 돌아올 수 없는 먼 길 따나가네
가슴속 새겨진 문신
그리운 엄마 얼굴

아바이 별곡

달빛 사이로 들려오는 가을이 익는 소리
애환의 상처 말 못한 채
여기저기 구멍뚫린 아픈 흔적
붉게 물든 단풍잎
실향민 닮아 상처자국 가득하다

아바이 순대국 분단의 서러움
눈물 뿌린 청호동 바다 봄은 다녀갔는데
이제나 저제나 고향소식 물결에 실려 오려나
세월에 묻혀 버린 가물거리는 기억
낯설고 물선 눈동자에 수繡를 놓아
북두칠성에 걸린 달 발부둥치고
감나무 우듬지에 까치밥은 남겨두었는지
조상님 산소 벌초는!
눈에 밟혀 말라버린 오징어 눈目 바람에 헤엄쳐간다

아바이 어마이 갯배 탄 그 긴 세월
어젯밤 꿈속 너와 나 웃음 속
북청물장수 두레박에 말아보는 국밥 한 그릇

떨리는 삶의 향기 애환마저 바람소리에 묶여있네
물물이 몰려오는 모래알 가슴 진하게 새겨진 사연
시간들이 모여앉아 달빛에 기도를 한다

휴전선 철조망 옆에서

고희古稀 넘어선 세월
긴 기다림에 지친 산하
눈물이 잠든 시간들이여
모래바람 뚫고 낙타의 방울소리
잃어버린 그리움 그 애타던 가슴
젊은 피 숨겨간 원한서린 철조망 옆에
이름 없는 꽃들로 피어난다

푸른 바다에 전화기 꽂아
실향민의 애환, 구선봉 불러본다
소금 밴 옷자락 만물상도 불러본다
섬돌 위 망향의 슬픔과 그리움
한없이 기다리는 하얀 고무신 한 켤레
해금강 바닷물은 오고가는데
철조망이 눈 부리부리 뜨고 막아서네

꿈속에 그리든 고향집 들려본다던 안동포 수의 한 벌
한 맺힌 검은 눈동자 발자국 소리 하나 없이
두 눈 감지 못하고 길나선 임이여
싸늘히 식어가는 명파리 바다
그리움 눕지 못하고 던져놓은 음표音標
파도만이 울먹이고 있네

무궁화 백서

무궁화 하얀 얼굴 달빛에 웃음 짓네

도돌이표 사랑일까 순진한 짝사랑일까
지금도 그대 오신다는
우정의 명분 내세우는 안타까움

멀어지는 꿈길
야바위 평화쇼 멀미 앓은 세상
차마 말할 수 없는 부끄러움
대한의 가슴에 방방곡곡 피는데
곪아 터진 상처 냄새만 진동하고
슬피우는 무궁화
아~ 환영幻影만 구름처럼 흩어지네

칠십년 굳게 닫힌 통일 문
노크소리 들려오려나 함께한 오천년 세월
행여 기다리던 염원의 망상
얼룩진 꿈길 환상의 몸부림
갈 곳 잃은 발길 외롭구나 무궁화
아~ 화염火煙만 북녘하늘 솟아오르네

*2020년 6월 16일 남북 공동연락사무소 폭파되는 장면을 보며….

버려진 옛집

한때는 젊은 기백 웅성했던 둥지
오가던 발걸음의 잔재
찬바람이 지난 흥망성쇠 읽고 있네

대문 두드리는 외침
침묵만 수북이 쌓여
우편물만 이리저리
마른 낙엽처럼 휘날리고
그을린 세월 울타리 밑 깨어진 장독
아직 떠나지 못한 그리움
대문 앞 불두화 주인인 양
탐스러운 꽃 적막한 골목 지키고 있네

그리움 산처럼 쌓여
익숙했던 이름 불려보지만
기척 없는 빈 까치집의 외로움
옛 모습 담장 넘어 남겨두고
눈물 떨구고 가는 소년의 그림자
한 세대가 저물고 있다

고향산천

산들이 이마 맞대고 이야기 하는 고향
실개천도 그대로 흐르는데
정다웠던 얼굴 세상사 떠밀려가고

머리 푼 억새 흰 눈처럼 날리고
기러기 서쪽 하늘 수를 놓네
임 찾는 풀벌레 구성진 노랫소리
가슴 떨려오고
귀두라미 시를 읊고
밝은 달 물결 위에 누워 별 헤는 밤

만남보다 이별이 더 소중한 것은
만남의 기쁨은 한 순간
이별의 그리움은 늘 가슴에 남아있다네

주인 잃은 비탈진 묵정밭
고라니 울음소리 새 주인인 냥
고향 향기 묻은 찔레꽃 서로 엉켜 피고 있네

부처가 된 참나무

찬 서리 한줌
손가락 마디마다 빠져 나가는 동지섣달
허기에 지쳐 오갈 데 없는 중생
보금자리 내어주고
노적가리 둘러앉은 만찬

하늘에서 보면
도토리 키 같은 세상
잘나나 못나나 함께 살아가는
옹기종기 모여 수다 떠는 묵사발
절 곳간 쌓여가네

부처님 오신 날
법문 담아 수행修行 나서는
도토리 스님
공양간 지붕 위 매달린 만월등滿月燈
어서 오라 불 밝혔네

제3부

모과의 일생

능소화

그대 창가에 머문 그리움
달빛으로 내려 앉아
숨겨 두었던 풍금소리 메아리로 스며드네

여인의 향기로 다가선 수줍은 얼굴
황혼길 짧은 상봉과 이별
어느 강 언덕 노을빛에 물든 사랑
화석으로 박혀
들끓던 속마음을 헤집던 잔햇살로 남아있네

천년을 변치 말자던 그 언약
아직 가슴에 옹이로 남겨진 붉은 징표
네 슬픔 내 상처 감고 올라야 하는 숙명

일송정 어진 품에 가랑비는 칭얼대고
오선지에 묻어둔 노래 선율 타고 흐른다
다정한 속삭임 피었다 지는
노을 속의 능소화

중용 中庸

비가 내리네 걸어온 발자취 지우려고
자국마다 고인 빗물
질퍽한 절인 가슴 젖고 있네

모든 만물 젖줄 물려 키워낸 단비
내색 한번하지 않은 겸손
낮은 곳 찾아 골마다 손에 손잡은 하심
해맑은 아이들 웃음 조잘 거리며 내려가네

강물은 한 송이 꽃이고 싶어
밤새 뒤척이다 시치미 뚝 뗀 수빙화 水氷花
때론 안개꽃
무지개도 피워보네

강촌의 앉은뱅이 집들
과한 것은 분쟁의 씨앗이라며
삿대 꽂아둔 채 잠들고
새벽잠 설치며 어둠 보따리 싸서 흐르는 물
중용 中庸의 길

맷돌

빙글빙글 돌아간다
너는 웃짝 나는 밑짝으로 맺은 인연
꾸르륵 꾸르륵
울어도 같이 우는
우리는 단짝
쌓이고 쌓인 하얀 행복 산처럼 쌓였네

한 숟가락 한 숟가락
손주 입에 밥숟가락 넣어주듯
할머니 손길
눈코 뜰 새 없네

욕심이 터져
찔끔찔끔 토해내고
밑으로 배설 못해
옆구리로 쏟아지네

가마솥 펄펄 끓는 꽃송이
몽글몽글 피어오르는 하얀 웃음
순결한 님의 향기

맺음달

하루해가 하품하며 게으름 피우고
떨켜에 엉덩이 붙이고 앉아있다
가슴 헤집고 파고드는 겨울 손님, 재채기에
뚝 떨어지는 잎새
한 마리 새가 되어 훨훨
묵은 고뇌 날려 보내고 깊은 잠 빠져드는 나목

생전 느껴보지 못한 아쉬움
발부둥치며 매달려 안간힘 써보지만
이 골목 저 거리 캐럴송
화살같이 지나가버린 세월
바람도 허둥대며 길 잃어 나침반 들고 섰네

어미인 줄 알고 햇살 젖줄 물고 옹알이하던 새싹
엊그제 이었다며 투덜투덜
가을을 밀치며 보채는 가랑비
바닥에 엎드려 사색에 잠긴 낙엽 바람도 비켜가고
우렁찬 제야의 종소리
우화羽化처럼 껍질 벗은 시린 가슴 다독인다

사계四季

겨우내 몸살 앓다 들뜬 마음
봄비 속 몰래 남긴 발자국 덮은 안개 재를 넘네
들녘마다 옹알옹알 파릇파릇 손 내미는 봄의 향연

봄 처녀 치맛자락 끌어당겨
연잎에 이슬 모아
데구르르 뒷걸음질 치다 스스로 사위어지네
탕약처럼 쫄아들던 뙤약볕에 울던 소낙비
푸른 하늘에 무지개 그려놓고 떠나가네

떠나야 올 수 있다며 먼 귀로의 여정
영혼마저 신열로 펄펄 끓는 만산홍엽滿山紅葉
와인 빛 가을
종천終天 길 쓸고 있네

사랑한다 말 한마디 외로움만 던져놓은 그리움
새 생명 기척하며 말라버린 잎사귀
길바닥에 이리 저리 나뒹굴다 가시덤불 밑으로 숨어들고
두꺼워진 겨울자락 백설이 소복소복 쌓이고 또 쌓여
발끝에 묻은 흔적 지우고 세상 다 떠나갔네

모과의 일생

내 젊은 날의 초상화 의지할 곳 없는 이 풍진 세상
그 속 누가 알까
울퉁불퉁 못생겨 과일 망신
미움도 서러움도 싹둑싹둑 잘라버린 봉두난발蓬頭亂髮
삼키고 삼켜온 더미 한아름
불구덩이 속 던지는 지난 시간들
조롱 왕따 영혼처럼 이리저리 흩어져 사라지네

느닷없이 찾아 온 꼴뚜기
너 때문에 들어야 하나며 울분 토해내고
우리들의 봄날 없는 줄 알았는데
비비새 찾아와 놀다가며
아픔만큼 과즙 끈적인다는 위로의 말

그윽한 향기에 취해 노란베개 베고 깊게 잠든 가을
노란빛 햇살에 익어 붉다
연화의 웃음으로 보듬는 용서
고뿔에 허덕이는 온몸 감싸주는 차향
진정한 정체성
온갖 정성으로 사랑의 꽃 피우네

낙화

창밖에 붉은 함박눈이 떨어진다
겨울인줄 알고
저마다 개성 있는 맵시 고운 자태
나비 떼 너울너울

당신은 누구의 어머니로
열매의 밑거름되어 살다가시나요
나뭇가지 앉은 새 울고 있네요
친구였나 봅니다
벌 나비 찾아왔다 뒷머리 긁다 되돌아가고

세월 따라 가는 꽃잎 진정 가시나요
술잔 들고 권주가 한번 불러보지 못하고
손 흔들어 보내는 이별가 불러야 하나요

거미줄에 걸린 낙화 그네타고
나비인 줄 달려 나온 거미
지는 봄 물고 허공만 쳐다보네

안부

잔설 뚫은 매화꽃
지나온 삶 스멀스멀
천 년 전 향기 베어 물고 얼굴 내미네

고비고비 억척스럽게
구명조끼도 없이
긴 세월의 강 헤엄쳐
완주의 영광이 반짝인다

서산 노을에 떨어진 복사꽃잎
주름진 행간마다
스며든 사연 만지작거리며
고단했던 가슴 열어 식히는 봄바람
꽃들이 환한 웃음으로 안부를 묻는다

왕거미 집

보릿고개 넘던 길
주린 배 움켜지고
해 질 녘 물레질
제 속살 뽑은 명주실
골목길 허공에 무허가 형질변경 문전옥답 펼쳐 놓았네

굴뚝마다 피어오르는 유혹의 향기
허기진 그물이 요동친다
순간의 포착 숨 끊은 올가미 줄
정적靜寂이 길게 누워 쌓이고 또 쌓이네

비바람 힘겹게 밀어제치고
어둠 뚫고 돋아나는 태양
지난밤 아픔 흔적을 지우고. 그
고왔던 자태 아스라한 벼랑길 고비 고비
용케도 빠져나온 식어버린 인생길
잠자던 마음 더듬어보네
윤회의 오솔길에서,

삭풍

엄동설한嚴冬雪寒
싸늘히 식어 숨소리마저 얼어버린 달빛
길 잃고 허둥대는 찬바람
길모퉁 전신주에 기대어
찬 서리 이고 껌벅껌벅
졸다 길 떠나네

독백에 잠긴 전깃줄
자기도취自己陶醉에 가야금 줄 퉁기는
그 음율에
별빛도 눈물 섦다

나그네 바람
이집 저집 기웃거리다
거친 숨 몰아쉬며
창틀 부여잡고 안부를 묻고 있네

봄바람에 한恨 품고 떠나가는 삭풍

허수아비 1

폭풍우 속으로 달려온 세월
뒤 돌아보면
텅 빈 들녘
홀로 허수아비로 서있네

굽이쳐 돌고 돌아 돌아온 길
눈물 젖은 베개만
지난 시절 기억하네
촘촘한 하루를 딛고 선 노을
길 떠나던 우리 할머님
뒷모습 닮았네

붉게 타다 남은 저녁 하늘
아쉬움 못다 한 인생 여정
아름다운 삶의 훈장

허수아비 2

논밭에 창백한 정적뿐
두 팔 벌려 하늘 향한 바보 웃음
해 그림자만 쫓아갈 뿐
심장 없는 외다리 인생
하루를 통째로 건네고
허기진 외로움이 어둠 부르고
지푸라기 한 가닥 추억 엮어
새겨지는 밤의 문신

참새들의 기만함
오물거리는 빈 잇몸 깊어지는 번뇌
이마에 새겨진 인생 말라버린 물길
젊음은 어디다 벗어두고
너덜거리는 윗도리 한 자락
앙상한 몰골로 남았을까

가을들녘 끈끈한 정 하나로
설 수만 있다면
또 다른 내일이 있어
한잔 술 객기에 붉어진 노을

들녘 풍경으로 함께 섰다

솟대들의 합창

저 산 너머
파란 하늘아래
흰 구름 모여드는 곳
가슴 설렘 이소離巢하던 옛 추억

지천에 두고 온 땅
별나라 보다 더 먼 곳
암각화처럼 새겨진 실향민 가슴앓이
날고 싶어도 날 수 없고
눈물이 말라 울 수도 없는 가엾은 새
고향 푸른 동산
솔가지에 날아 살포시 앉아보네

호롱불 밝혀 사립문에 내걸고
밤새 뜬 눈으로 지새우신 어머님 모습
까치 노을 뒤로 어스름 한 저녁하늘
아련한 그리움 부르고
다시는 펼 수 없던 접어둔 날개
오늘 밤 날아봅니다
고향 하늘 그, 갈망을

비밀의 정원

봄 피리소리 수평선 울타리 넘어
화등花等타고 넘네
남녘 유채꽃 향기 수런대기 시작할 때

어젯밤
까치에게 몰래 건넨 말
입이 간지러워
이른 새벽 온 동네 광고하네

굴러가는 구름에게 귀띔한 말
참다 참다 못 참아 통곡하는 소나비
시원하게 속마음 풀어낸
일곱 무지개 꽃잎

봄이 오면 모두 새 단장하는데
남남북녀
한 이불 덮을 때까지
비밀 만들지 말자 하네

아버지를 모시고 온 산 까치

이른 새벽 소식 전하는 산 까치
동네 어귀 마중 나가는 마음
우체통 위 앉아있는 눈동자

카톡 카톡 부고訃告 문자
조상님 몸 빌리고 또 빌려
이어온 인연 억겁의 세월
조물주가 그어놓은 선線 피안의 첫걸음

한 생명 가냘픈 끈 끊어진 연줄처럼
가물가물 멀어져 갈 때
몰아쉬는 숨소리에 전하려던 그 말씀
둘려 앉은 여줄 가지 알아들었다는 듯 눈만 껌뻑껌뻑

삼십년 지나 지금도 그 말씀 궁금해 물어보지만
아무도 모르고
손잡고 있던 아버지의 마지막 식어가던 온기
손 펴 유심히 살펴보지만 알 수 없고
미워지는 손
유난히 오늘 아침 아버지가 그리워진다

서낭재

구름 딛고선 구불구불 서낭재 아득한 길
소나무 가지에 황혼 빛 짙어지고
국수봉 철쭉꽃 누렇게 늙어가네
할머니 흰머리 닮은 단아한 봇짐 간데없고
바람만 재를 넘네

저만치 뻐꾸기 울고 새색시 가마 타고 넘던 재
우리 할매 눈물 앞서 넘고
아스라이 제비집처럼 자리 잡은
은을암 목탁소리
그 마음 한없이 보듬어 주는 동행

재 넘는 길손 땀 맺힌 이마 닦아주고
고갯마루 홀로 잎 떠난 자리 정월 대보름달
두 손 비비며 모은 꿈 물결처럼 일렁이네
할머니, 고모 오가던 서낭재 위
꽃신 신고 별이 되어 반짝이네

은하수 강물에 띄우는 손 편지

제4부

태화강 소고小考

그리움

칭칭 감아 올라야 하는 칠팔월 뜨거운 숙명
청포도 익어 갈 때
그리움 비틀어 멍꽃* 피웁니다

둥지 틀어 당신의 사랑으로 뿌리내려
혹, 내 이름 부를까 떠나지 못해
아스라이 타고 올라 붉은 등불 밝혀들고
향긋한 향기도 피워 봅니다

늦은 밤 창문 흔드는 이
누구일까?
반가워 내다보니 얄미운 바람
그리움 부여안고 애절한 마음
밤하늘 달님 벗 삼아
내 마음 가득 당신의 이름으로 첨탑 쌓아
실낱같은 마음 한 올 뽑아
허공에 흔들어 봅니다

*멍꽃 : 멍이 든 것처럼 색이 든 연분홍색 칡꽃.

먹감나무

호젓한 산자락 남촌 남루한 바람 골목길 쓸고
멈추어버린 아이들 웃음소리 찾아 헤매네

손끝에 놓친 일터 고급스럽게 포장한 말
"은퇴" 그 이름표 달고 갈 곳 잃은 고독의 노추老醜
마포불백*, 화백*, 불백*, 행간의 유행어
가슴 밑바닥 흐르는 원류 월하독작月下獨酌 하네

물컹한 썩은 몸속 숭숭 구멍 뚫려 세월이 들락거리고
보릿고개 넘던 먹감나무 까치 입맛마저 외면당해
만동滿冬 창공 박쥐처럼 매달렸네

하루 밤 맺은 인연 발길에 짓밟힌 상처
폭풍우마저 울리고 길 위 서 있어도 길 떠나지 못한 채
행여 임 오시려나 잠 설치는 노방초

백발서린 지팡이 담벼락 나란히 기대여
깊은 주름 행간마다 걸어온 길 펼쳐놓고 볕쪼임 하네

태양이 뜨는 한 내 몸속 돋아나는 새 희망
햇빛 한줌 썰어 진수성찬 차려놓고
홀로 한없이 기다리는 먹감나무

＊마포불백 : 마누라도 포기한 불쌍한 백수.
＊화백 : 화려한 백수.
＊불백 : 불쌍한 백수.

어머니의 회상

주인의 손끝에서 벗어나 가물거리는 지친 기억
안개 속 날개 펴지 못해
뒤죽박죽 뒤엉켜 선반 위 기억 멀미하네
당신의 여줄 가지 헷갈리는 이름 석 자
피사체가 제멋대로 흔들린다
명치끝 굽이굽이 휘감는 애환

실타래처럼 감겨오는 지난 세월, 그
한恨 발자국마다 땀방울 고여 있고
한 여인의 얼룩진 일기장이 병동 벽을 타고
태엽이 헛돌고 돌아 그림자도 서러워 등이 휘어
몽환에 갇힌 한 소녀
눈꼬리 타고 흐르는 눈물방울
현광 등 불빛아래 윤슬로 반짝이네

청청 하늘에 배 띄워라 우리엄매 임 찾아 가시는 길
순풍아 불어라 덩실덩실 춤추며 가시게
정월의 영혼
한 평생 대여한 육신만 남겨둔 채
험난하고 치열했던 인생길 접어놓고

차안과 피안의 선線 사이에 두고
아슬아슬 흔들리는 그림자 하나
이승의 굴레
세상이 잠든 자시子時 천화遷化*의 길

아버지의 팔베개 베고 천사처럼 잠드소서

*천화 : 이승의 교화를 마치고 다른 세상의 교화로 옮긴다는 뜻.

여보

여보란 말은
잠자리 날갯짓에 큰 바위가
닳아 사라지는데
걸리는 영겁의 소리다

여보란 말은
북풍한설 속 걸어온 복수초
꽃잎 같은 숨소리다

당신을
여보라 부를 수 있는 것은
봄을 기다리는
한 마리 새의 울음소리다

살랑대는 봄바람 만나
설렘으로 현기증 앓다
그 설렘으로 피우는 꽃처럼
두근두근 심장 우는 소리다

수많은 사람 중에 인연 맺어
어두운 밤하늘
달빛 같은 존재다

만고풍상萬古風霜 인생길
함께 헤쳐 가는
사랑의 노래다

내 마음의 강물

강물 따라 두둥실 떠가는 꽃구름
언덕 위 파란 하늘 그리워
목동의 피리소리
두견화 곱게도 피었겠지

그때 그 동무들
어디서 뭘 할까
앞개울 송사리떼
윗마을 마실 가고

산등성이마다 아이들 발자국 소리
메아리도 그리움에 목이 쉬어 날개 접고
마음만 날고 싶어 우쭐대다
중절모에 비친
내 마음의 강물만 하염없이 흐르네

분분한 낙화 세례 받으며
그때처럼 종이학 접어보네
우듬지에 걸린 초승달도
강물처럼 흘러가고
늘 곁에 누군가 있는 것 같은 향수鄕愁

찻잔에 담긴 차밭 골

이른 새벽 부지런한 봄
차밭 골 치장에 분주하고
돌뿌리 걷어차고도
내색 한 번 하지 않은 계곡물
천 년 전 금어의 청아한 노래 부르며
봄나들이 가네

범천어 금어보살 산사에 모여
감싸 안은 담소 한 모금
얼어붙은 혈 타오르고
사死보다 강한 애愛
내 영혼 맑아 불심이 깊어지네

금정샘 찻잔에 띄운 정
연둣빛 봄 향기 한입 가득
시인들 깃발 시, 꽃 시로 가슴 꿈틀대고
차밭골 기대여 그대 마음 훔쳐 펄럭이네
늘어선 시어 무욕으로 일어서
쳐다본 하늘만큼 푸르러라
이 봄날

그림자

우리는 우연히 만나
마주보는 얼굴
나는 당신의 해바라기
고무줄처럼 늘어났다 짧아지다
긴장 속 애정

좋든 싫든 우린 동반자
한 날, 한 시
일 분, 일 초
생과 사를 같이 짊어진 운명
형 동생 없는 진정한 쌍둥이

목소리도 잃어버리는 감내
눈물도 말라버린 존재
그대 이름으로
틈 사이 새어나오는 빛 먹고 사는
무색 꽃 피우는 영원한 동행

액자 밖의 풍경

빛바랜 차표 한 장도 없이
한파 폭설 야외활동 자제문자 날아드는데
허겁지겁 달려온 강진포구

옹기종기 모여 앉은 섬들도 숨죽이고
잠시 놓은 일손 숨 돌리는 어선
다슬기처럼 바위에 몰려있듯
포구에 모여 먼 바다 향해 꼼지락 꼼지락

속세의 흔적 지우는 것은
소담스럽게 내리는 눈의 몫이고
하얀 그림 속 카페 졸고 있네

다도해가 저렇게 아름다운 것은
고향을 지키는 섬들 때문이다
해안선 따라 태곳적 이야기물고 섬 자락 굽이돌아 와
산산이 부서진 조각 펼쳐 해독하는 갯바위

작가들의 추억 저편에 또 하나의 추억이 더해지고
한국의 나폴리 강진포구 품에 안겨
밤새워 피워 올리는 잊지 못할 강진포구

다산의 초대장

주름진 기억 저편 유효기간 한참 지난 초대장 들고 달려간 초당
찬바람만 주인 찾아 부르고
그 사상 전하려는 듯 나뭇가지 목청껏 울부짖네

잔뜩 찌푸린 하늘 세상과 이마 맞대고
움츠린 새들도 손님맞이 하는 둥 마는 둥
천일각 얼음조각 바람 찢어놓는 두 뺨
경건한 마음 칼바람 잠재우네

높은 산 정상에 앉아 바라보던 다산의 지혜
동백아가씨 수줍게 펼친 치맛자락에
흰 눈 나비로 환생해 향기에 취해보건만
붕당朋黨 정치 환멸에 석고처럼 굳어가네

이제나 저제나 한양소식
늙어가는 역참驛站 여물만 축내고
띄우지 못한 상소문 애조 띤 모습
훈장놀이에 허기진 바람만 추녀 끝 들락거리네

소급정산 하려나 폭설이 퍼붓고
태초의 세상이 이런 모습 아니었을까
너무 깨끗해 떼지 못하는 다산의 발자국
조심조심 길잡이 되어 걸어가네

새봄 한걸음 물려서고 솜이불 덮고 포근히 잠드는 초당 뜰

망초꽃

안개꽃처럼 봄볕에 폭탄 터지듯 터진 망울
설렘 마음 한 아름 안고 있네

벌 나비 그 마음 숙맥같이
눈길 한번 받지 못하고
잔바람에 하늘거리며
진한 향기로 유혹하네

흥망성쇠 비틀대는 갈림길에도
지천으로 핀 꽃
허리 숙여 들여다 보니
맥수지탄麥秀之嘆 속 절벽의 끝자락에서
희망의 메시지 전하는 망초 꽃

파란 하늘아래 무리지어
하늘하늘 아양 부리는 춤사위

동아줄보다 질긴
오천년 지켜온 강산
들녘은 하나의 화폭
스치는 바람에 꽃잎 피워
백의민족 하얀 웃음으로 수繡를 놓는구나

비망록

하늘이 무너지는 나라 잃은 서러움 마르기도 전
동족상련同族相憐의 비극, 산천도 울었지
비통 두 번 다시 날 수 없게
이 나라 검은 눈동자 혈서 쓰던 맹세

도육당한 내 사랑 내 조국이여
낯선 이국땅, 귀, 코, 무덤의, 그
한恨 마저 포기한 민초들
살아 돌아올 수 있다면
이 나라, 살, 피, 영혼을 주고 싶네
활짝 핀 무궁화 가슴에 묻히고 싶네

작두 위 선무당의 칼춤
한 발자국 옮기지 못하는 절박감
예나 지금이나 주검을 장사하는 공원묘지처럼
손발 따로 노는 밥그릇 싸움
넋 잃은 비망록 휴지조각같이
바람에 나뒹구는 소리 민족의 울화통

비 머금은 하늘빛처럼 고개 숙인 무궁화

수몰지에 고향을 묻고

물 맑고 인심 좋고 유서 깊은 마을
물 잠기던 날
나뭇가지에 걸린 폐비닐 만장 인양 펄럭이었지

정든 목소리 간데없고 애잔한 그리움만 쌓여
목 길게 빼고 마을을 더듬어보네
옛 선인 예언한 듯 지명을 양수정, 삼정이라 불렸던가!

화랑들의 말발굽소리 강물에 부서지고
삶의 흔적들 물새처럼 떠 있네
달빛 내려와 마을을 불러보고
산그늘도 저녁마다 마실 나와 떠난 님 안부를 묻고
물고기 무리지어 이 골목 저 골목 술래놀이
내년 봄엔 고향 소식 전해주려나

물위 뜬 달님 가슴 헤집는 바람
별들은 철없이 장독대 소꿉놀이 분주하고
가가호호 저마다 뽐내던 꽃동산
따스한 봄날 피우지 못해
풀벌레 영혼 되어 밤새도록 울고 있네

물 속 깊이 묻은 서러움
그리움으로 산기슭 올라앉은 망향비望鄕碑
가슴은 새까맣게 타고 있네

태화강 소고小考

세상 변천으로 사라진 천년고찰
햇살도 숨죽이고
산문 여는 바람
자장율사 장삼자락 붙들고
눈물도 그렁그렁

그물 뚫고 강 건너온 천 년 전 바람
흰 비둘기 머문 태화사 찾아 헤매다
까마귀 떼 엷어진 날개 접어
곱게 잠재우는 댓가지
밤새 다독이네

암각화 뛰쳐나온 선사시대 사연
옆구리에 끼고
굽이굽이 돌고 도는 물결
저 달은 어떻게 태화강을 건넜을까

태화루 누각에 머무는 바람
그 시절 생각나
다전茶田* 차 향 쓸어 담아
달빛 뚫은 향기 그윽하네

산등성이 옷 갈아입는 은월봉
태화루 막걸리 한 잔에 노을이 붉다

*다전 : 울산의 마을 지명(신라 때 차 재배한곳).

시간 속으로 흐르는 강

옛 추억 소환하려고 앙다문 입술
레코드판 혼자 돌고 도네

길옆 작은 옷 수선집 아주머니
흩어진 지난 시간들 조각조각
수술대 올려놓고 이어가는 퍼즐

후줄근한 발걸음 잠시 쉬었다
되돌아보는 구둣방 아저씨 뒷굽 세워 못질하네

검은머리 파뿌리에 왜 눈물이 날까
세월 잠시 붙잡아보려고 염색약 빗질하는 미용실

고운 살결 어루만지는 목공
이마에 맺힌 이슬방울 천 년 전 암호 해독하고

보름으로 가는 상현달 발자국에도
저만치 간 시간들이 출렁인다
쏟아지는 달빛에 영혼 씻어
해찰부리며 갈 데니 세월아 너 먼저 가거라

파도

저 깊고도 무한의 바다
두레박으로 건져 올린
그리움의 향기
처얼썩 처얼썩
그리움이 그리움 안고 몰려오네

쉼 없이 달려드는 심연의 고백
온 몸으로 부딪치는
세레나데
속마음 하얀 진실 풀어 펼쳐 보이네

너울 일렁일 때
누가 달님 넋 흔들어 깨울까
황소처럼 덤벼 부딪치고
늑대처럼 갯바위 물어뜯어
끓어오르는 포말의 연정
밀당하는 파도
내 가슴 뜨겁게 달구는 자 누구일까
조약돌처럼 내 마음 씻어
사랑을 읽어보는 설레는 마음

애기 소나무

통도사 무풍한송로舞風寒松路
지천에 문전옥답 다 두고
큰스님 법문 듣고 살아가라며
바위틈에 뿌리내린 애기 소나무

천년 목탁소리 듣고
붉은 장삼 걸친 노송
새 생명 탄생 경이로워
갓 태어난 바람이
뙤약볕 막아주네

처사님 메고 온 생명수
젖줄 물리고
바람의 장난기에 간지러워
천지난만 웃음 짓는 사미송沙彌松
숲속은 고혹이 가득하다

인생 질문

바람 잘 날 없는 세상
왜 사느냐고 물어보지 마세요
어떻게 사느냐고 더욱 묻지 마세요
그냥 그래 사는 거지
두둥실 떠가는 저 조각구름 보시게
얼마나 아름다운가
새 한 마리 춤추듯 도포자락 너울너울 장단도 없이
얼마나 여유로운가
그저 바람 부는 대로
마음 가는 대로 사는 거지
움츠렸던 어깨춤 한번 추어보세
마음 한 자락 너울거리며
얼씨구, 더덩실 추어보세
보려야 볼 수 없고
잡으려야 잡을 수 없는 세월
사랑하며 그냥 사는 거지

● 후기
___

세 번째 심연의 영혼을 건져 올려
시집을 출간하게 되었습니다.
부족하지만 먼저 따뜻한 관심으로 반겨주시길 당부 드립니다.
평소 습작한 시 120편 중에서 67편을 골라 용기를 내어
쑥스럽게 세상 밖으로 시집보내듯 보내봅니다.
제자리에서 서성이던 마음
오래된 습성을 떨치고 기발한 아이디어로
대추나무에서도 사과가 맺히듯이 (일명 : 사과대추)
내 맘 치열하게 갈고 닦아
세찬 바람 몰아치는 눈보라 앞 가로막아 서서
땅거죽에 서릿발 기둥 속 매화의 웃음 고개 내밀 듯
게을러지려는 나를 독려하여 설렘과 떨림으로
독자 마음 울림을 주는 시 세계에 대한 고뇌와 아픔
희망이 녹아있는 시를 쓰기 위해 한걸음씩 전진하겠습니다.

갑진년 새해
어둠 뚫고 멀리서 들려오는 산사의 종소리
우리 곁을 지켜줄 것 같은
믿음으로 맞이합니다.
독자님들 가정에 행운이 깃들기를 기원합니다.
감사합니다.

● 해설

따스한 서정주의자가 노래한
사유思惟의 태화강

— 노명서 시집
『저 달은 어떻게 태화강을 건넜을까』의 시세계

정유지(문학평론가, 경남정보대 교수)

1. 바람뿐인 절망의 환경 속에서, 오히려 희망의 대숲을 가꾸다.

"가파른 물골을 따라 물살이 내는 소리는 참으로 요란하다. 그러나 개천을 따라 합류한 많은 물줄기들이 수심 깊은 큰 강으로 모이면, 요란했던 소리는 멈추고 고요해진다. 깊은 강은 소리를 다스린다. 작가도 마찬가지다. 통찰通察이란 강을 통해 내면을 다스린다."

통찰의 사전적 의미는 '예리한 관찰력으로 사물을 환히 꿰뚫어보는 것'인데, 현상 이면의 내면에 존재하는 개념과 그 이면에 작용하는 원리를 볼 수 있는 것을 뜻한다. 이러한 통찰은 주어진 현상을 새로운 시각으로 재해석하는 형상화 작업이 요구된다. 한마디로 깨달음의 강이다.

　노명서 시인은 꿈을 꾸기 위해 창조적 상상력을 가동시킨다. 그 꿈은 무의식이 꿈틀거리는 통로이자 형언할 수 없는 존재의 가치를 찾아낸다. 창조적 상상력은 초자연적인 현상을 관찰해내고, 재조명하는 통찰의 강을 일군다. 시인은 태화강 대숲 위로 펼쳐진 '사이(틈)' 속에서 그간 가려졌던 장대하고 장엄한 순간을 맞이한다. 그동안 놓쳤던 '사이'는 비어있는 공간이고 '사이'는 또 연결할 수도 분리할 수 있다. '사이'는 통찰할 수 없는 것을 통찰하는 것이기도 하다. 그런 이유로 이 '사이'를 제대로 바라보며, 동시에 희망의 끈을 놓지 않고 푸른 꿈을 쏘아 올리고 있다.
　시인은 '사이(틈)'에 대한 통찰이 태화강으로부터 비롯되었고, 태화강의 지킴이인 시인 스스로 '주체'가 되어 '사이(틈)'를 극복하고 있는 가운데. 항구적 자유의지를 발현하고 있다. 태화강 십리 대숲 '사이(틈)'를 통해 공기가 스며든다. 햇빛이 물든다. 바람이 불어 환기를 시킨다. '사이(틈)'를 생성시켜야 그 '사이(틈)'는 삶의 흡입구가 된다. 그 '사이(틈)'로 물새들이 찾아오고, 사랑도 깃든다. 시인은 삶 자체를 깨달음의 공간으로 태화강을 선택했고, 그 공간에서 대숲의 푸른 희망과 초자연적 대상인 달의 기운을 감지하고 있다.

노명서 시인은 한마디로 '사이(틈)의 철학'을 아는 서정시인이다. 치열함이 그의 작품에 녹아 있다. 노명서 시인은 울산광역시에서 출생하였다. 월간 종합문예지 『문학공간』 시 및 월간 종합문예지 『한올문학』 수필 부문 신인문학상으로 당선되어, 문단에 등단했다. 시와 수필이라는 장르를 넘나들며 그동안 독특한 빛깔의 작품군을 형성해 왔다. 『자드락길을 걸으며』, 『은사시 나뭇잎에 편지를 쓰자』 등의 시집을 발간한 바 있는 중견 시인이며, 한국문인협회 회원, 한국 음악저작권협회 회원, 월간 한올문학가협회 회장 등의 왕성한 문단활동을 통해 묵묵하게 종합예술의 지평을 열고 있는 귀한 존재이다. 그동안 《고운 최치원 문학상》, 《한올문학상》 시 대상, 《한올문학》 수필 대상을 수상한 바 있다. 특히 《한올문학》 호롱불 시 부문 10인 동인회 회장으로서 뛰어난 문학적 역량을 발휘하며 활발한 작품활동을 전개해 오고 있다.

　시인은 서정성이 깃든 시적 프레임Frame으로 깊은 사유를 펼친다. 시인은 그 사유의 강을 풀어내고 있다.

　시인은 시심을 모았다가 다시 펼칠 줄 아는 서정시인이다. 노명서 시인의 시적 세계는 크게 두 가지 경향을 보인다.
　첫째, 인간과 시적 대상 사이에 은유와 환유의 보법으로 유려한 시적 행간을 선보인 동시에, 사유의 깊이로 수놓은 서정시의 진면목을 선보이고 있다. 더불어 태화강을 누비면서 정제된 시어로 새롭게 특화시킨 '달빛 반짝이는 시적 황홀경'을 연출하고 있다. 아울러 시인의 정신세계는 따뜻한 감성과 철학적 통찰력으로 빚어낸 해맑고 진솔한 언어들로 가득하다. 이는 노명서 시의 근간이 된 문학적 역량과 무관하지 않다.

 둘째, 타자他者와 관계 형성하기의 미학이 탁월하다. 또한 시적 대상에 대한 선 굵은 언어를 바탕으로 초자연적인 이미지를 구가하며, '따스한 서정주의자'답게 따뜻한 시안으로 '정신적 풍요'를 지향하고 있다. 철학적 통섭의 깊이로 출렁거리는 통찰의 강처럼, 내면의 향기가 그윽한 휴머니즘의 지형도를 구축하고 있다. 서정의 시편으로 만든 사색의 강물 속에 시인의 인생사가 그대로 녹아 있다.

 시인은 자연에 대한 특화된 캐릭터를 구축하고 있다. 바로 「태화강 소고小考」에서 이를 확인할 수 있다.

> 세상 변천으로 사라진 천년고찰
> 햇살도 숨죽이고
> 산문 여는 바람
> 자장율사 장삼자락 붙들고
> 눈물도 그렁그렁
>
> 그물 뚫고 강 건너온 천 년 전 바람
> 흰 비둘기 머문 태화사 찾아 헤매다

까마귀 떼 엷어진 날개 접어
곱게 잠재우는 댓가지
밤새 다독이네

암각화 뛰쳐나온 선사시대 사연
옆구리에 끼고
굽이굽이 돌고 도는 물결
저 달은 어떻게 태화강을 건넜을까

태화루 누각에 머무는 바람
그 시절 생각나
다전茶田 차 향 쓸어 담아
달빛 뚫은 향기 그윽하네

산등성이 옷 갈아입는 은월봉
태화루 막걸리 한잔에 노을이 붉다

―「태화강 소고小考」 전문

 인용된 다전은 울산의 마을 지명이며, 신라 때 차를 재배한 곳이다. 태화강太和江은 울산광역시를 횡으로 가로질러 흐르는 큰 강이다. 울산 서부지역 산지에서 발원하여 동쪽으로 흐르며, 울산만을 거쳐 동해로 이어진다. 울산의 향토문화는 전통적으로 태화강 유역을 중심으로 발전해 왔기 때문에, 태화강은 울산을 대표하는 상징적 존재다.
 시인은 사색의 향기가 물씬 풍기는 세상을 그려내고

있다. 강둑을 서성이는 바람처럼 시인의 눈은 크고 깊은 음을 저장하며 강을 노래한다. 반주 없는 묵직한 저음의 깊이로 슬픔을 억누른 채 고독마저 켜고 있다. 세상 변천을 읊조리며, 떠나간 시간을 붙잡고 밤을 또한 노래한다. 달의 항로와 오랫동안 지켜봤을 바람의 항로 또한 새겨 놓고 태화강의 정체성을 회복한다. 선사시대가 존재하는 천 년 전 세계를 재생시키고 있다. 세상에 없는 절절한 그리움이 강의 주변을 맴돈다. 태화루에서 마시는 녹차 한 잔의 여유, 막걸리 한 잔의 여유를 토로하는 시인의 자화상이 클로즈업된다. 결국 태화강으로 귀결된 시인의 서정성 깊은 감성 미학이 묻어난다.

시인은 자기 자신의 삶을 고즈넉하게 그려내고 있다. 「소금꽃」을 꺼내 생각을 고르고 있다.

남태평양 푸른 물비늘 번득이는 꿈
아무것도 모르고 달려오다
영문 모른 수감
"죄명" 무단침입

뙤약볕에 드러누워
산그늘처럼 쌓여오는 그리움
조이고 조여든 애환의 고독
가지 없이 핀 하얀 꽃
태양의 노고인가
바다의 사리숨쉬인가

쌍둥이로 자라도
서로 꿈이 다른 세상
천둥만둥 철없는 진영논리
혀가 굳어 시궁창 냄새 입안 가득
괄약근 조이지 못해 쏟아내는 악취
아물지 않는 양반님네들
소금 한 줌 절임으로 아물게 하옵소서

―「소금꽃」 전문

 인용된 소재인 소금은 우리 삶에 있어서 없어서는 안 되는 상징적인 시적 대상이다. 시인은 짠맛이 나는 인생의 축소판인 소금을 노래한다. 소금이 '영문 모를 수감'이고 '무단침입'이란 죄명을 붙이는 시인의 위트가 돋보인다. 소금은 저절로 형성되는 것이 아닌, 염전 누군가의 손길로 태어난다. 뙤약볕에서 오랜 인고 끝에 바다의 결정체가 생긴다. 누군가를 그리워하는 마음이 고스란히 표출되고 있다. 줄기 없는 소금꽃이 바로 그것이다. 이 흰 꽃이 피어있는 소금밭을 보면 거대한 심해의 고독이 밀려온다. 시인의 말처럼 태양의 노고와 웅장한 바다의 사리舍利들이 응집해 있듯 불멸의 언어가 놓여있다. 바다 몸속에서 배출된 인고의 표식인 것이다. 시인은 서로 다른 진영논리를 소금으로 빗대어 비유하면서, 한 줌의 짠 소금으로 세상을 절인다면 살균이 되고 악취가 사라질 것임을 일갈하고 있다. 안타까운 마음의 행간이 소금을 통해 읽혀진다.

시인은 사유의 본향, 태화강을 다시 소환하여 상상력의 날개를 펼친다. 「태화강 십 리 대밭」에 이를 확인할 수 있다.

지금 태화강에는
이 땅의 아버지들이 십리 길 숲에 도열해있네

절퍽한 삶 두 어깨 가득 젊어지고도
겉으로 돛대 높이 세워
푸른 깃발 하늘 높이 펄럭이네

눈보라 폭풍우 몰아쳐도
부러질 듯 휘었다가 마디마디 더욱 강인한 자태
황소처럼 우직함도
태화강 청옥 물결 위 펼쳐놓은 세월
때론 광대로 때론 선비로
그 기골 찬 대숲 바람소리
저물녘 햇살 모아
스~삭 스~삭 몸 부비고
찾아드는 이에게 잠자리 내어주네

질풍노도의 여정 부대끼며 용케도 견뎌온
우리들의 아버지 같은 대나무
둑 따라 자랑스럽고 용맹하게 길게 서서
사자의 포효 늘 푸르게 춤을 춘다

―「태화강 십 리 대밭」 전문

시인은 태화강 십 리 대밭을 이 땅의 아버지가 도열한 공간으로 인식한다. 푸른 깃발 하늘 높이 펄럭이는 대나무 모습이 힘든 삶의 여정을 짊어진 황소처럼 우직하고 강인한 이 땅의 아버지로 형상화시킨 것이다. 천민으로 또는 양반으로 살았던 아버지는 질풍노도의 여정을 잘 견뎌낸 용사, 자랑스러운 존재임을 어필하고 있다. 포효하는 사자의 모습으로 늘 푸르게 휘날리는 대나무밭을 부각하고 있다. 피톤치드 가득한 태화강 십리 대밭 따라 펼쳐진 '사이(틈)'는 세상을 끌어들이는 근원으로 인식되고 있다.

   태화강 십 리 대밭은 태화강을 따라 폭 30미터, 길이 4킬로미터 규모로 자리 잡은 대나무 숲이다. 일제 강점기 시절 큰 홍수로 농경지가 백사장으로 변했을 때 한 일본인이 그 땅을 사서 대밭을 만들었다. 대나무로 만든 제품이 잘 팔리자, 주민들이 계속해서 대나무를 심었고 지금의 십 리 대밭이 만들어졌다. 주택지로 개발될 뻔했지만, 주민들의 반대로 대숲을 보전하여 지금은 산책로 등 조성사업을 통해 울산을 대표하는 생태공원으로 거듭난 곳이다.

   시인은 인생의「가을 전어錢魚」를 잊을 수 없다.

   고향 떠난 햇살
   감전되어 물비늘 토해내고
   물이랑 가르는 전령사 소식
   바다는 어쩔 줄 모르고
   매어둔 어선 밧줄 풀려고 안달이네

열아홉 구멍마다 파란 숨결
석쇠 위 드러누운 전령사 감싸고 오르는 향기
바다인줄 창공을 두리번거리다
잠들만 하면 뒤집어 깨우는 집게
돌아누우니 골목마다 갯내음 물결 출렁인다
노릇노릇 익어가는 푸른 바다

제철이 이고 온 참깨 서 말
집 나간 며느리 돌아와
대문 두드리는 용서
이미 마음은 바다로 나가고
소금 절인 어부들의 환한 웃음
너와 나 가슴에 깨가 쏟아진다

―「가을 전어錢魚」 전문

 노릇노릇 익어가는 가을 전어는 참깨가 서말이고 굽는 냄새 때문에 '집 나간 며느리도 돌아온다'는 옛말이 있다. 가을 전어는 그만큼 전어 맛이 뛰어나 미식가들의 단골메뉴다. 신분에 상관없이 모든 사람들이 좋아해서 전어를 사는 사람이 돈을 생각하지 않기 때문에 '돈 전錢자'에 '물고기 어魚자'를 사용해 전어라고 부른다는 설이 있다. 우리나라의 서남해에서 주로 잡히는 전어는 가을이 되면 제철이 되어 지방층이 두꺼워진다. 이로 인해 가을 전어는 다른 시기에 비해 특별한 맛과 깊은 향을 가지게 된다. 가을에는 전어가 특별히 많이 잡히고 한국인들에게 오랜 역사와 함께 군림해

온 명물이라 할 수 있다.

시인 또한 가을 전어에서 맛의 특별함을 연출하고 있다. 얼마나 전어 냄새가 맛있게 느껴졌으면 집 나갔던 며느리가 용서를 빌고 들어왔겠는가. 배고픈 시절의 우화겠지만 가을 전어의 풍미가 그만큼 진했음을 시인은 전해주고 있다. 석쇠에 굽는 가을 전어가 허기진 마음을 훔치고 있다.

시인은 순댓국을 먹으며 눈시울을 붉힌다. 「아바이 별곡」이라는 작품을 통해 확인해 본다.

> 달빛 사이로 들려오는 가을이 익는 소리
> 애환의 상처 말 못한 채
> 여기저기 구멍 뚫린 아픈 흔적
> 붉게 물든 단풍잎
> 실향민 닮아 상처 자국 가득하다
>
> 아바이 순대국 분단의 서러움
> 눈물 뿌린 청호동 바다 봄은 다녀갔는데
> 이제나 저제나 고향소식 물결에 실려 오려나
> 세월에 묻혀 버린 가물거리는 기억
> 낯설고 물선 눈동자에 수繡를 놓아
> 북두칠성에 걸린 달 발버둥치고
> 감나무 우듬지에 까치밥은 남겨두었는지
> 조상님 산소 벌초는!
> 눈에 밟혀 말라버린 오징어 눈目 바람에 헤엄쳐간다
>
> 아바이 어마이 갯배 탄 그 긴 세월
> 어젯밤 꿈속 너와 나 웃음 속

북청물장수 두레박에 말아보는 국밥 한 그릇
떨리는 삶의 향기 애환마저 바람소리에 묶여있네
물물이 몰려오는 모래알 가슴 진하게 새겨진 사연
시간들이 모여앉아 달빛에 기도를 한다

—「아바이 별곡」 전문

시인은 인용된 바와 같이, 그냥 순댓국이 아닌 아바이 순댓국을 진하게 우려내고 있다. 아바이란 말은 아버지의 함경도 사투리이다. 아바이 말의 의미처럼 아바이 순대는 크고 푸짐한 인상을 준다. 또한, 주식 대용이 가능할 정도로 영양가 있는 음식이기도 하다. 아바이순대는 주로 돼지의 대창 속에 익힌 찹쌀밥, 선지, 고기 간 것, 배추, 파, 참깨, 들깨, 멥쌀, 좁쌀 등의 소를 넣고 쪄낸 것으로 찹쌀밥을 넣지 않은 작은창자를 이용하는 다른 지방의 순대와는 색다른 특징이 있다. 순댓국은 돼지뼈를 푹 고아 우려낸 사골 국물에 순대, 돼지머리 고기, 염통과 돼지 밥통, 소창과 대창 등 각종 내장류를 넣고 끓여 만든 국밥이다. 먹는 방식으로는 기본적으로 쪄먹는 방법, 전골로 해 먹는 방법, 국밥의 형식으로 먹는 방법 등이 있다. 한 입에 커다란 순대를 집어넣으면 입안에서 터지는 소들의 향연을 느낄 수 있어 순대의 풍미를 높여준다.

시인은 북에 고향을 두었거나 실향민을 가족을 위로하고 있다. 남북으로 나뉜 동족상잔의 아픔을 여실히 드러내며 북의 삶을 그리워하고 있기 때문이다. 동족상잔이란 애환의 상처가 곳곳에 배어 있다. 가을을 붉게 물들인 단풍잎에서 상처가 덕지덕지한 실향민이 읽혀진다. 조상의 산소 벌초를 걱정하고 우듬지 까치밥을 걱정하는 시인의 눈가에 그렁그렁한 눈물샘이 연상된다. 이제 고향은 기억에서 가물가물해지고 있다. 고향 소식이 바람 따라 전해지길 소망하고 있다. 북청물장수 두레박이 생생하다. 긴 세월이 흘렀지만 아직도 분단의 아픔이 끝나지 않았다. 달빛에 빌어보는 시인의 가슴이 절절히 다가온다.

2. 자기 극복의 자유의지로 터득한 시적 환기를 통해 사유의 바람을 물들이다.

"시인의 사유는 삶의 지평을 산산이 부숴버리는 존재적 자각이다. 시인은 시적 환기를 통해 새로운 세계를 만든다."

노명서 시인의 철학적 성찰 속에는 변화의 바람과 내밀하게 소통한다. 아울러 태화강의 새로운 이미지를 발현하고, 지역이 아닌 세계의 중심임을 재조명하며, 자기 극복의 초월적 사상이 관통한다. 더 나아가 세상이 한 곳으로 통한다는 자연적 세계관이 함축되어 있다.

노명서 시인의 작품은 호방하면서도 때론 아방가르

드Avant-Garde의 시적 기류가 나타난다. 아방가르드는 20세기 초 혁신적인 예술 경향이다. 한마디로 전위적이다. 시대를 앞서간 작가, 기존과 다른 선구자적 작가의 역할을 뜻한다.

시와 수필의 특성을 잘 알고 있기에 철학적 사유가 필요한 경우엔 행과 행, 연과 연의 탄탄한 유기성을, 반전이 필요한 소재를 다룰 때는 아포리즘을 고루 활용할 줄 안다. 한마디로 말하면 이미지心象, Image와 수사의 달인이다. 노명서 시인의 손을 거치면 그 어떤 시적 대상일지라도 탁탁 쏘는 콜라 맛처럼 뒷맛이 개운하고, 회화 작품과 같이 격조 높은 서정시를 탄생시킨다.

노명서 시인은 과거, 현재, 미래를 모두 시적 대상 속에 빚어낼 수 있는 역량 있는 작가다. 이른바, "시는 말하는 회화繪畵이고, 회화는 말 없는 시다."를 확인시켜 준 매력적인 작가다.

노명서 시인의 시적 상상력은 바다의 파도와 같다. 죽지 않고 쉴 새 없이 하얀 깃털을 날리는 파도와 같다. 파도는 죽지 않는다. 다만 바람의 세기에 따라 속도가 다를 뿐이다. 노명서 시인은 바닷가 파도처럼 시적 대상의 경계 없이 언제든지 자유롭게 넘나든다. 하늘에는 별이 살고, 사람의 가슴에는 사랑이 살고, 태화강에는 대숲과 어울려 바람과 달이 산다. 노명서 시인은 별과 사랑, 태화강을 노래하는 음유시인이다. 한계

상황을 극복하는 인간의 자유의지가 시편 곳곳에서 꽃을 피워 올린다. 시인이 궁극적으로 지향하고 있는 사유의 순항은 멈춤 없이 진행된다. 시인의 시적 언어는 오랜 시적 내공과 사유를 통해 얻은 깨달음의 물줄기를 가지고 있다. 이는 노명서 시학의 결정체로 정리할 수 있다. 노명서 시학은 이번 시집 『저 달은 어떻게 태화강을 건넜을까』에서 절정의 꽃봉오리가 만개滿開하고 있다. 시인은 따스한 가슴의 창을 연다. 「무궁화」를 통해 확인할 수 있다.

무궁화 하얀 얼굴 달빛에 웃음 짓네

도돌이표 사랑일까 순진한 짝사랑일까
지금도 그대 오신다는
우정의 명분 내세우는 안타까움

멀어지는 꿈길
야바위 평화쇼 멀미 앓은 세상
차마 말할 수 없는 부끄러움
대한의 가슴에 방방곡곡 피는데
곪아 터진 상처 냄새만 진동하고
슬피우는 무궁화
아~ 환영幻影만 구름처럼 흩어지네

칠십년 굳게 닫힌 통일 문
노크소리 들려오려나 함께한 오천년 세월
행여 기다리던 염원의 망상
얼룩진 꿈길 환상의 몸부림

갈 곳 잃은 발길 외롭구나 무궁화
아~ 화염火煙만 북녘하늘 솟아오르네

—「무궁화」 전문

　인용된 것은 2020년 6월 16일 남북 공동연락사무소 폭파되는 장면을 보며 진술한 작품임을 밝히고 있다. 시인은 하얀 무궁화에서 조국을 발견한다. 대한의 가슴에 방방곡곡 피는데 곪아 터진 상처 냄새만 진동하고 슬피 우는 꽃임을 노래한다. 조국의 현실을 빗댄 시어들이 시적 환기를 통해 육화시켜 주고 있다. 통일은 요원하고 굳게 닫힌 채, 미동조차 하지 않는 것을 슬퍼한다. 화염 가득한 북녘을 바라보며 행여나 통일의 노크 소리 들리지 않을까 염원한다. 그러나 다시 망상으로 끝나 버린 꿈길임을 아파한다. 갈길 잃은 무궁화를 호명하면서, 자조의 소리를 환상처럼 내뱉고 있다. 이 또한 나라를 사랑하는 시인의 애국지심이라 할 수 있을 것이다.

　무궁화는 관습적으로 국화國花로 여겨온 아욱과의 낙엽관목이다. 꽃 색깔이 다양하며 7월부터 10월까지 100여 일간 계속 피므로 무궁화라는 이름을 가지게 되었다. 기원전에 편찬된 『산해경』에도 한반도에 무궁화가 많이 자란다는 기록이 있을 정도로 한반도를 표상하는 꽃으로 여러 문헌에 다양하게 등장했다. 개화기에 애국가를 창작할 때 뒤풀이에 '무궁화 삼천리 화려강산'이라는 구절이 들어가면서 무궁화는 조선의 국화가 되었고 오늘에 이르고 있다. 꽃 모양과 색깔이 다른 여러 품종이 있으며 다른 화목류에 비해 병이 거의 없는 편이다. 시인은 일상생활 속에서 중심 잡는 「맷돌」을 돌린다.

> 빙글빙글 돌아간다
> 너는 웃짝 나는 밑짝으로 맺은 인연
> 꾸르륵 꾸르륵
> 울어도 같이 우는
> 우리는 단짝
> 쌓이고 쌓인 하얀 행복 산처럼 쌓였네
>
> 한 숟가락 한 숟가락
> 손주 입에 밥숟가락 넣어주듯
> 할머니 손길
> 눈코 뜰 새 없네
>
> 욕심이 터져
> 찔끔 찔끔 토해내고
> 밑으로 배설 못해
> 옆구리로 쏟아지네
>
> 가마솥 펄펄 끓는 꽃송이
> 몽글몽글 피어오르는 하얀 웃음
> 순결한 님의 향기
>
> ―「맷돌」 전문

인용된 작품은 서정의 봄을 알리는 서곡이다. 맷돌은 곡물을 갈아서 가루로 만드는 용구를 말한다. 손주 밥 먹이듯이 손이 바쁜 할머니 맷돌 돌리는 모습을 그려내고 있다. 옆구리로 쏟아지는 갈린 곡물을 '욕심'으로 비유해 내는 시인의 수사법이 생생하게 다가온다. 참으로 순수하고 질박한 삶의 언어가 아닐 수 없다. '너는 웃짝 나는 밑짝으로 맺은 인연'이라는 진술에서 보듯 인생의 깊이가 무르익어 있다. 위짝과 아래짝은 울어도 같이 우는 단짝인 인연의 끝판왕이다. 강원도 산간에서는 통나무로 만든 나무 맷돌을 쓰기도 하고, 제주도에서는 네 사람이 함께 돌리는 대형맷돌을 쓰기도 한다. 맷돌에 곡물을 갈 때 큰 함지에 맷돌을 앉히고 두 사람이 마주 앉아 한 사람은 곡물을 위짝 구멍에 떠 넣고, 한 사람은 위짝을 돌리면서 간다. 맷돌이란 전통적 소재를 통해 한국인의 소박한 감성이 구현되고 있다.

시인은 기억의 문을 연다. 「어머니의 회상」에서 이를 확인할 수 있다.

> 주인의 손끝에서 벗어나 가물거리는 지친 기억
> 안개 속 날개 펴지 못해
> 뒤죽박죽 뒤엉켜 선반 위 기억 멀미하네
> 당신의 여줄 가지 헷갈리는 이름 석 자
> 피사체가 제멋대로 흔들린다
> 명치끝 굽이굽이 휘감는 애환

실타래처럼 감겨오는 지난 세월, 그
한恨 발자국마다 땀방울 고여 있고
한 여인의 얼룩진 일기장이 병동 벽을 타고
태엽이 헛돌고 돌아 그림자도 서러워 등이 휘어
몽환에 갇힌 한 소녀
눈꼬리 타고 흐르는 눈물방울
현광 등 불빛아래 윤슬로 반짝이네

청청 하늘에 배 띄워라 우리엄매 임 찾아 가시는 길
순풍아 불어라 덩실덩실 춤추며 가시게
정월의 영혼
한 평생 대여한 육신만 남겨둔 채
험난하고 치열했던 인생길 접어놓고
차안과 피안의 선線 사이에 두고
아슬아슬 흔들리는 그림자 하나
이승의 굴레
세상이 잠든 자시子時 천화遷化의 길

아버지의 팔베개 베고 천사처럼 잠드소서

―「어머니의 회상」 전문

시인은 기억의 저편에 있는 한 여인의 삶을 재조명하고 있다. 지치고 얼룩진 어머니의 초상이 가슴 속에 밀물들이 몰려온다. 결국 병든 몸이 되어 병동에서 고달픈 삶을 마감한 어머니를 만난다. 더불어 먼저 가신 아버지를 만나러 자시子時 천화遷化의 길로 드신 어머니를 애도하고 있다. 천화는 '이승의 교화를 마치고 다른 세상의 교화로 옮긴다'는 뜻임을 시인은 밝히고 있다. 이승의 어머니를 회상하는 시인의 애절한 마음이 그리움으로 점철되어 따뜻한 기억의 문을 두드리고 있다.

세상에서 가장 아름다운 단어는 과연 무엇일까? 2004년 영국문화원에서 설립 70주년을 기념하기 위하여 비영어권 나라 102개국 4만 명을 대상으로 아름답다고 생각하는 영어 단어를 쓰도록 하였고 많이 적힌 순서대로 1위부터 70위까지 순위를 매겼다. 그 결과 세계인들이 생각하는 가장 아름다운 단어가 '어머니'인 것으로 나타났다. 생각만 해도 가슴이 따뜻해지는 순간이 아닐 수 없다. 모든 걸 아낌없이 주고 희생하는 대명사로 쓰이는 어머니란 단어, 그 어머니를 시인이 세상에 기리고 있다.

시인은 수몰민에 대한 애환을 그린다.「수몰지에 고향을 묻고」을 통해 확인할 수 있다.

물 맑고 인심 좋고 유서 깊은 마을
물 잠기던 날
나뭇가지에 걸린 폐비닐 만장 인양 펄럭이었지

정든 목소리 간데없고 애잔한 그리움만 쌓여
목 길게 빼고 마을을 더듬어보네
옛 선인 예언한 듯 지명을 양수정, 삼정이라 불렸던가!

화랑들의 말발굽소리 강물에 부서지고
삶의 흔적들 물새처럼 떠 있네

달빛 내려와 마을을 불러보고
산그늘도 저녁마다 마실 나와 떠난 님 안부를 묻고
물고기 무리지어 이 골목 저 골목 술래놀이
내년 봄엔 고향 소식 전해주려나

물위 뜬 달님 가슴 헤집는 바람
별들은 철없이 장독대 소꿉놀이 분주하고
가가호호 저마다 뽐내던 꽃동산
따스한 봄날 피우지 못해
풀벌레 영혼 되어 밤새도록 울고 있네

물 속 깊이 묻은 서러움
그리움으로 산기슭 올라앉은 망향비望鄕碑
가슴은 새까맣게 타고 있네

―「수몰지에 고향을 묻고」 전문

 시인은 수몰지구인 고향 양수정을 그리워하며 망향가를 부르고 있다. 물 맑고 공기 좋은 수려했던 고향마을을 회상하고 있다. '정든 목소리 간데없고 애잔한 그리움만 쌓여 목 길게 빼고 마을을 더듬어보네'의 싯구처럼 수몰된 마을을 그리워하는 애환을 그려내고 있다. 아울러 '물속 깊이 묻은 서러움 그리움으로 산기슭 올라앉은 망향비望鄕碑 가슴은 새까맣게 타고 있네'의 구절처럼, 새까맣게 타버린 가슴으로 누구보다 절절한 실향민의 노래를 부르고 있다.
 누구나 떠나온 고향을 그리워한다. 그러나 형체가

사라져 버린 수몰지를 바라보는 실향민의 심정은 참담함 그 자체일 것이다.

　태화강 상류에 규모가 매우 큰 계곡을 가진 대곡은 예로부터 사람이 살기 좋은 터전이 되어 우리 선조들이 아득한 선사시대부터 정착하여 살아온 곳이다. 방리, 삼정리, 양수정, 구석골 등 크고 작은 마을들이었다. 2005년 완공된 대곡댐은 사연댐과 대암댐만으로는 울산에서 필요한 물을 충분히 공급하지 못하게 되자 가장 최근에 완성한 댐이다. 대곡댐이 생기면서 신라 시대의 많은 유물이 발굴되었던 울주군 두동면 방리, 하삼정, 상삼정, 양수정, 구석골 등 다섯 마을이 사라졌고, 4백여 명의 주민들이 정든 삶의 터전을 떠나야만 했다.

　시인은 마음이 고요해지는 '차밭 골'로 향한다. 「찻잔에 담긴 차밭 골」에서 이를 확인할 수 있다.

　　이른 새벽 부지런한 봄
　　차밭 골 치장에 분주하고
　　돌뿌리 걷어차고도
　　내색 한 번 하지 않은 계곡물
　　천 년 전 금어의 청아한 노래 부르며
　　봄나들이 가네

　　범천어 금어보살 산사에 모여
　　감싸 안은 담소 한 모금
　　얼어붙은 혈 타오르고

사死보다 강한 애愛
내 영혼 맑아 불심이 깊어지네

금정샘 찻잔에 띄운 정
연둣빛 봄 향기 한입 가득
시인들 깃발 시, 꽃 시로 가슴 꿈틀대고
차밭골 기대여 그대 마음 훔쳐 펄럭이네
늘어선 시어 무욕으로 일어서
쳐다본 하늘만큼 푸르러라
이 봄날

―「찻잔에 담긴 차밭 골」 전문

  시인은 금정샘 찻잔에 띄운 정으로 무욕의 푸른 봄날을 노래하고 있다. 금정샘은 부산 동래의 지명이다. 이에 부산 동래 소재의 차밭 골임을 알 수 있다. 계곡 물 소리 흐르고 범어보살이 사는 천혜의 절경에 위치한 차밭 골은 시인들의 깃발 시, 꽃 시의 발원지임을 시인은 맑은 언어의 빛깔로 빚어내고 있다.

  오래전에 찻골이라고 해서 만덕동에서부터 온천장 남산동을 거쳐 양산에 이르는 거대한 차 군락지가 있었다고 한다. 시인은 봄날 금어보살 산사에서 담소하며 차를 마신다. 찻잔 속에 차밭 골을 떠올리는 따뜻한 시간이 흐르고 있다. 서정의 품격이 차를 통해 전해지고 있다.

  시인은 고향 녘 잠든 서정을 발견한다. 「서낭재」에서 이를 확인해 본다.

구름 딛고선 구불구불 서낭재 아득한 길
소나무 가지에 황혼 빛 짙어지고
국수봉 철쭉꽃 누렇게 늙어가네
할머니 흰머리 닮은 단아한 봇짐 간데없고
바람만 재를 넘네

저만치 뻐꾸기 울고 새색시 가마 타고 넘던 재
우리 할매 눈물 앞서 넘고
아스라이 제비집처럼 자리 잡은
은을암 목탁소리
그 마음 한없이 보듬어 주는 동행

재 넘는 길손 땀 맺힌 이마 닦아주고
고갯마루 홀로 잎 떠난 자리 정월 대보름달
두 손 비비며 모은 꿈 물결처럼 일렁이네
할머니, 고모 오가던 서낭재 위
꽃신 신고 별이 되어 반짝이네

은하수 강물에 띄우는 손 편지

―「서낭재」전문

시인은 국수봉 자락인 은을암 삼거리와 서낭재를 따라 사유의 길을 펼치고 있다. 늦은 봄날, 서낭재를 지나며 만감이 교차한 시인의 마음이 시편 곳곳에서 읽혀진다. 이미 별이 된 할머니와 고모가 넘었던 고개 서낭재, 가마 타고 떠났던 애환 가득한 서낭재를 노래하고 있다. '이젠 떠나고 없는 곳엔 바람만 재를 넘는다'

는 시인의 감성이 봄날의 무르익은 한 점 수채화처럼 빛난다. 목탁 소리가 은은하게 울려 퍼지는 서정의 시경이 세상을 물들이고 있다. 울산시 울주군에 위치한 서낭재는 두동면 비조 마을과 범서읍 반동 마을을 넘나드는 고개다. 새해가 되면 서낭재 해돋이 광장은 일출 감상 인파로 넘쳐나는 곳이기도 하다.

노명서 시인의 시집 『저 달은 어떻게 태화강을 건넜을까』는 존재적 자기 자각을 통해 삶의 변화를 찾아내고, 한계상황을 극복하려는 호탕한 목소리를 뿌리내리며 재생再生시키고 있는 한국현대시단의 총아다. 인간의 영혼이 빚어내는 내면의 향기마저 깊은 사유의 강에 담겨 있다. 아울러 노명서 시인의 시집 『저 달은 어떻게 태화강을 건넜을까』는 인간의 근원적인 허무와 절망을 치유해 내는 카타르시스 작용을 하고 있다. 내적인 허무와 혼재된 절망을 완화시켜 종국엔 자유의 길을 제시하고 있다.

노명서 시인의 『저 달은 어떻게 태화강을 건넜을까』는 인생의 깊이로 완성한 시집이다. 이에 노명서 시인을 '현대판 헤밍웨이'로 명명한다. 노벨문학상을 수상한 미국의 소설가 어니스트 헤밍웨이(1899~1961)가 『노인과 바다(1952, 중편소설)』라는 대작을 남길 수 있었던 점은 인생의 굴곡진 삶을 표현할 수 있고 경험이 풍부한 중년이었다는 점이다. 84일간이나 물고기를 못

잡은 81세의 늙은 어부가 거대한 물고기를 혈투 끝에 잡고 돌아오는 도중에 상어 떼를 만나, 항구에 닿았을 때의 물고기는 뼈만 남아있었다는 인생 스토리가 담겨 있다. 마찬가지로 노명서 시인의 『저 달은 어떻게 태화강을 건넜을까』 속에는 내재된 인간의 고독과 슬픔이 절제된 가운데, 끝없는 인간의 자유의지가 표출되고 있다.

　노명서 시인의 『저 달은 어떻게 태화강을 건넜을까』는 울산광역시의 숨겨진 보물을 세상에 알리는 베스트셀러급 시집임을 발견했다. 노명서 시인이 '태화강 지킴이'임을 확인시켜 준 시집이다.

문학세계대표작가선 1014

저 달은 어떻게 태화강을 건넜을까

老泉 노명서 제3시집

인쇄 1판 1쇄 2024년 4월 15일
발행 1판 1쇄 2024년 4월 21일

지 은 이 : 노명서
펴 낸 이 : 김천우
펴 낸 곳 : 도서출판 천우
등   록 : 1992. 2. 15. 제1-1307호
주   소 : 서울시 광진구 구의강변로 85 강우빌딩 7F
전   화 : 02)2298-7661
팩   스 : 02)2298-7665
http://cafe.naver.com/chunwu777
E-mail : cw7661@naver.com

ⓒ 노명서, 2024.

값 15,000원

*도서출판 천우와 저자의 서면 동의 없는 무단 전재 및 복제를 금합니다.
*저자와의 협의에 따라 인지는 생략합니다.

ISBN 978-89-7954-924-9